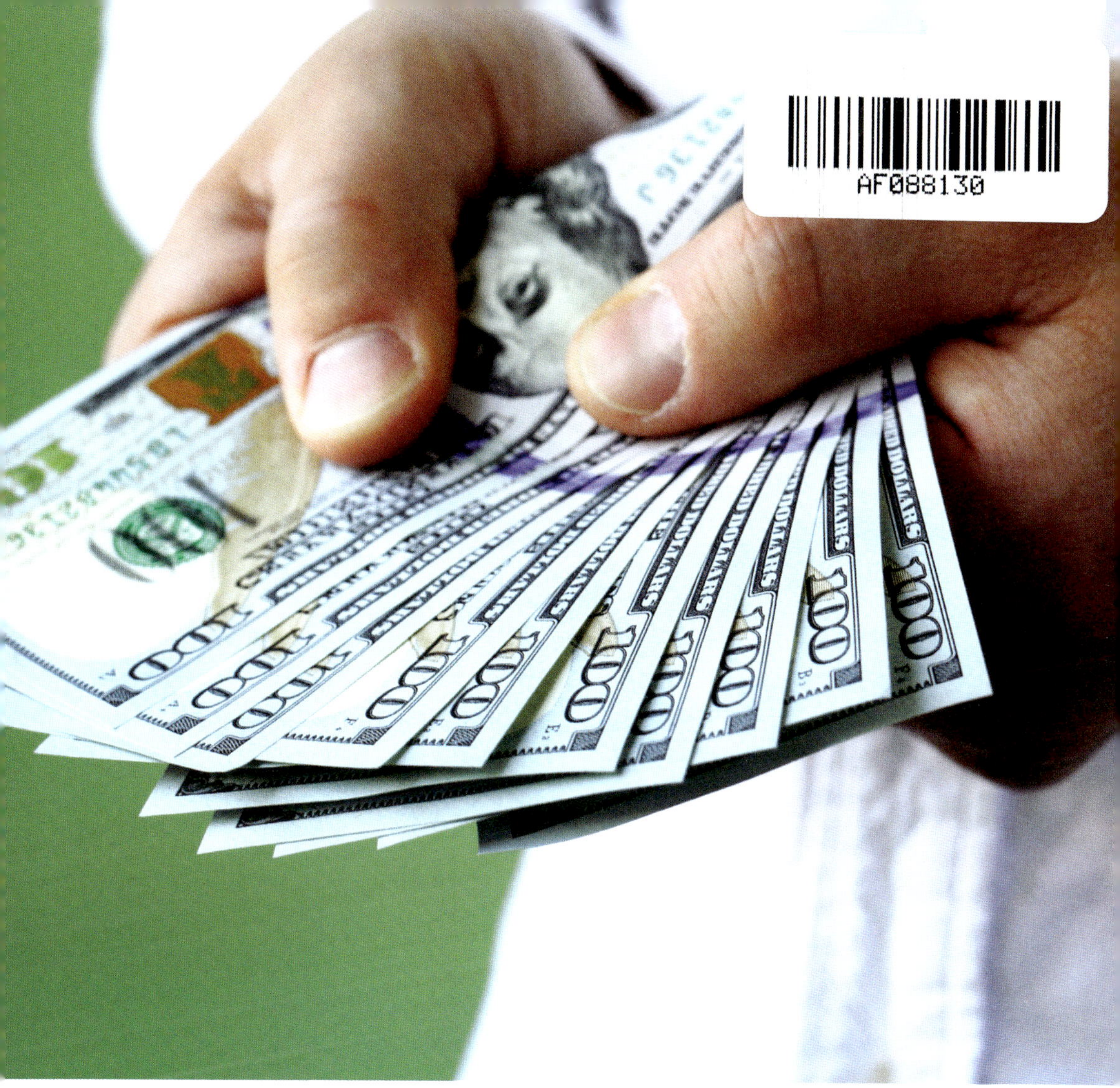

rich

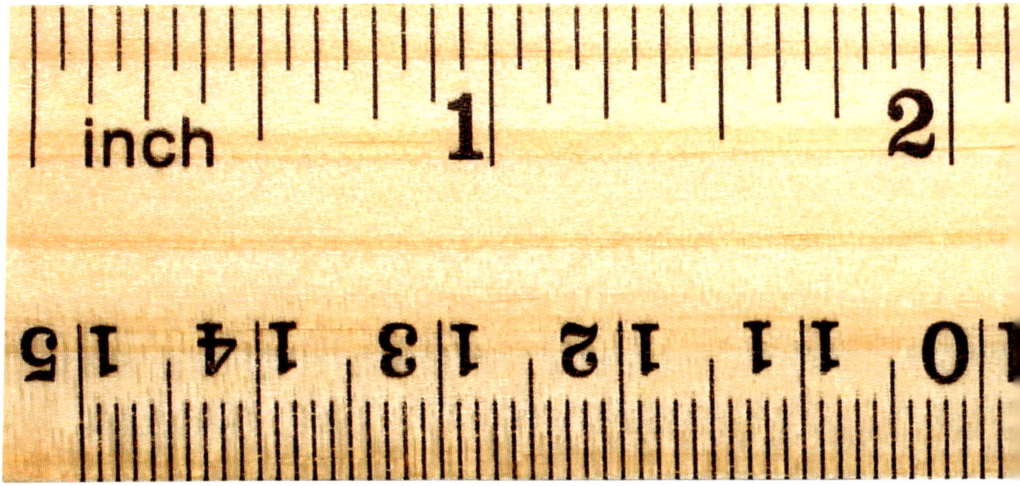

inch

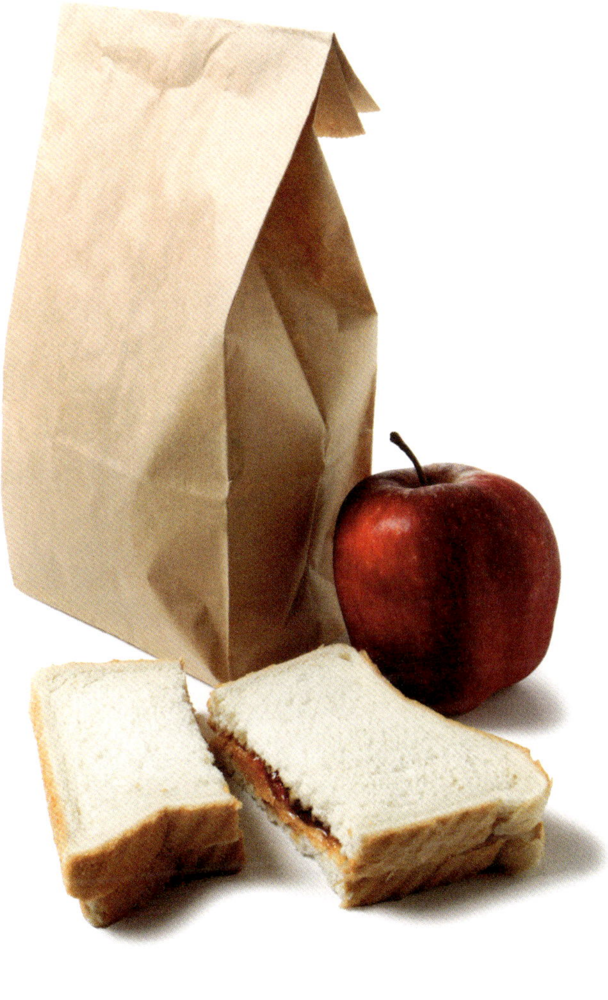

lunch

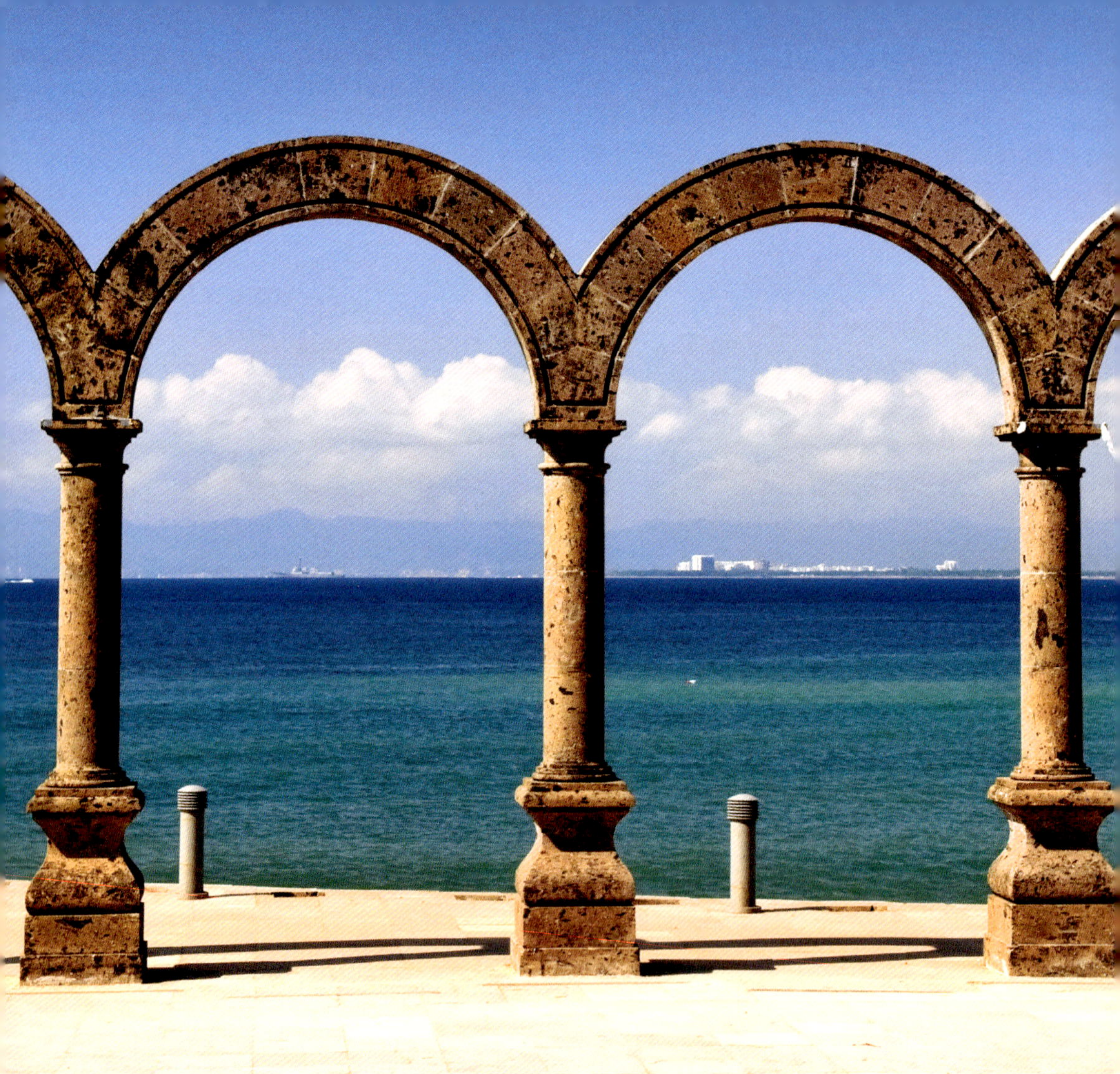

arch

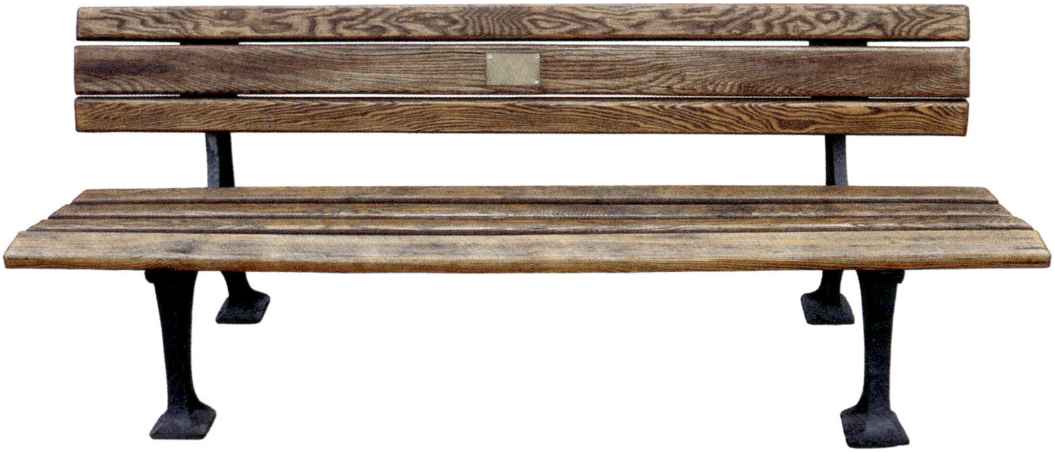

bench

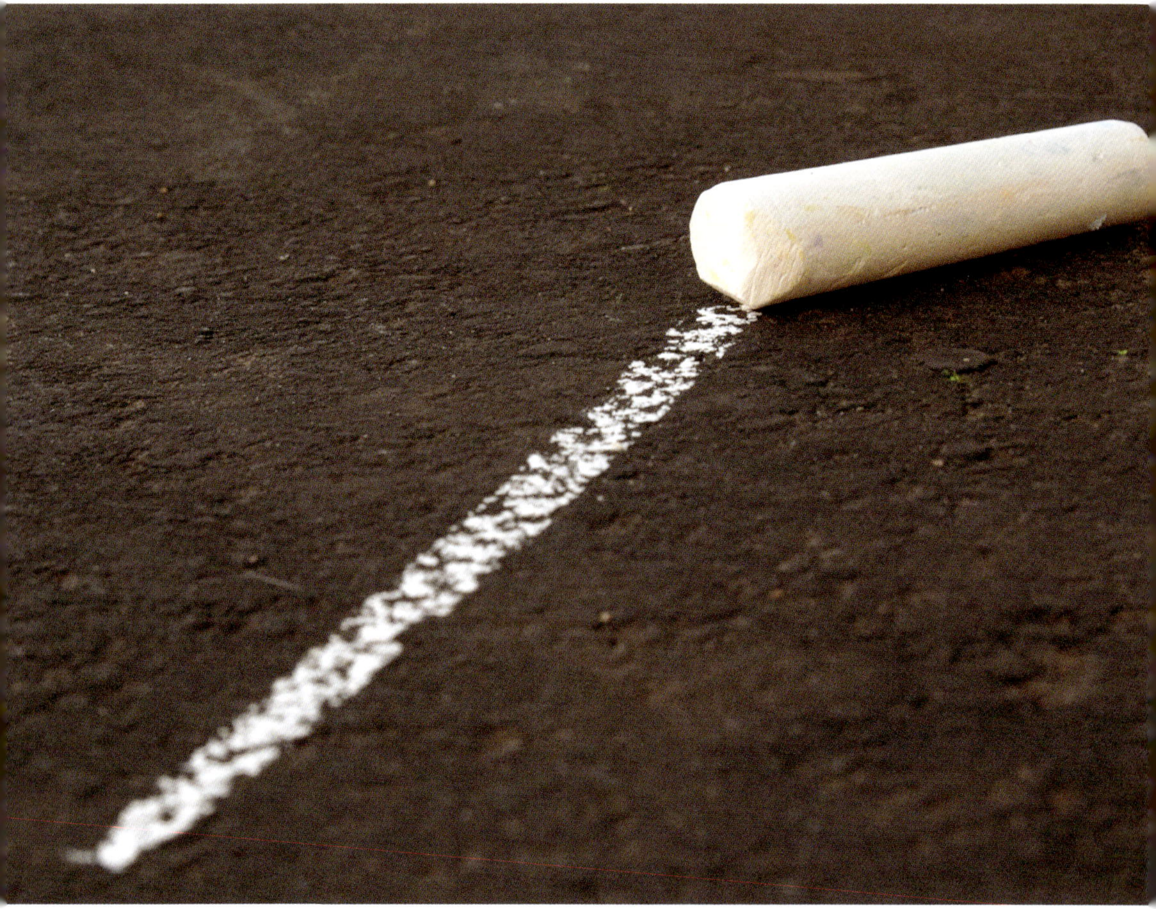

chalk

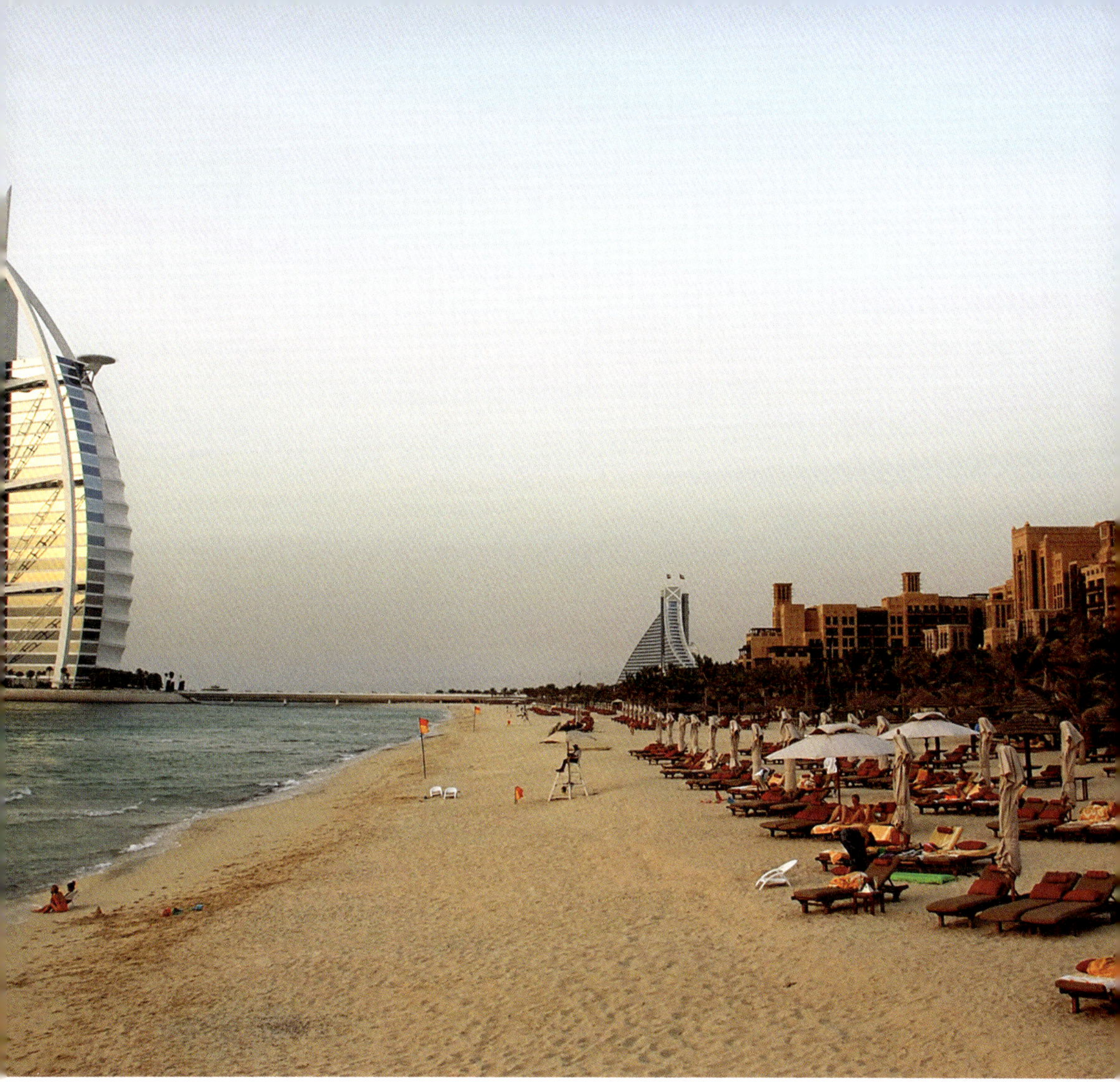

beach

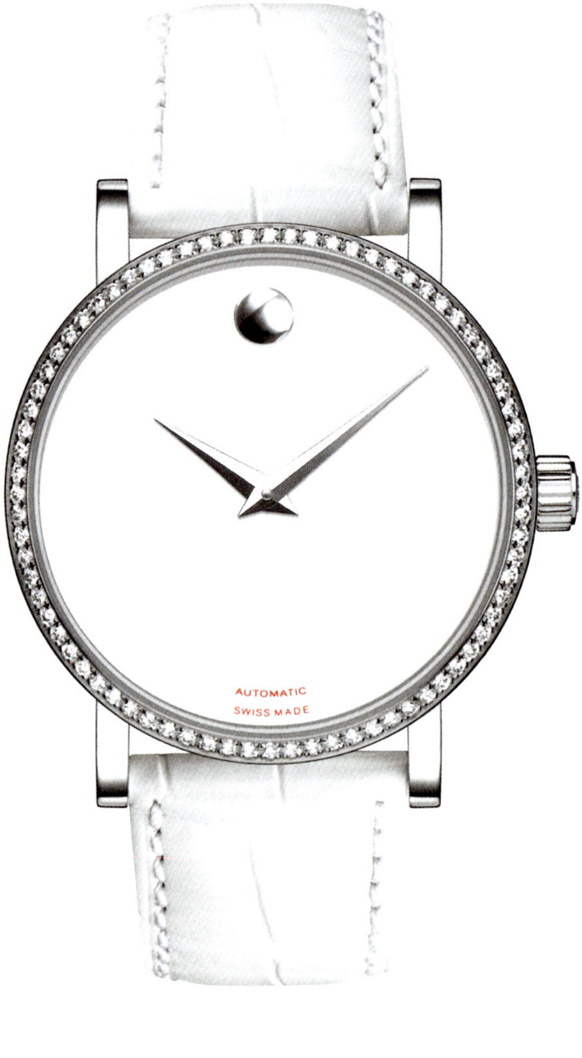
AUTOMATIC
SWISS MADE

ch ch

ch ch

ch

chips

rich

inch

lunch

arch

bench

chalk

beach